Benny Blu®

Schiffe

Segelschiffe, Dampfer, Frachter

Text von Susanne Hansch

Illustriert von Angelika Grothues

Für Matthias Kuffer,

der mit seinem Wissensdurst

viele Benny Blu Bücher angeregt hat

---

www.BennyBlu.de

Benny Blu und der Kapitän

„Hier auf der Fähre weht aber ein starker Wind", sagt Benny zu Mama und seinen Freunden. „Steife Brise sagen wir hier dazu", mischt sich ein Mann ein.

Er hat einen lila Anker auf dem Arm. „Das ist eine Tätowierung", erklärt er ihnen. „Die habe ich mir als junger Matrose machen lassen."

„So eine Tätowierung hat man das ganze Leben.“ Er erzählt, dass er lange zur See gefahren ist. Angefangen hat er als Schiffsjunge. Zuletzt fuhr er als Kapitän auf einem Tanker.

„Ein echter Kapitän! Wow!“, freut sich Benny. Er strahlt über das ganze Gesicht, als ihm der alte Kapitän seine große blaue Mütze aufsetzt.

„Bestimmt wissen Sie alles über Schiffe." Der Kapitän schmunzelt: „Ja sicher. Was möchtest du wissen?" Benny hat viele Fragen:

„Warum schwimmen Schiffe? Wie bewegen sie sich vorwärts? Wie groß ist eine Schiffsschraube? Und was sind eigentlich Feuerschiffe?"

Darum schwimmen Schiffe

Ein großes Schiff schwimmt auf dem Wasser, obwohl es aus Metall ist. Doch eine Metallkugel sinkt sofort. Im Schiffsbauch ist Luft eingeschlossen. Deshalb ist das Schiff leichter als Wasser: es schwimmt.

Schiff aus Metall

Kugel aus Metall

In der Kugel ist keine Luft. Sie besteht ganz aus Metall. Daher ist sie schwerer als Wasser. Die Kugel sinkt nach unten.

Die ersten Schiffe

Schon vor etwa 5.000 Jahren transportierten die Ägypter ihre Waren auf Segelschiffen.

Wikinger

Vor etwa 1.000 Jahren erreichten die Wikinger mit ihren Langbooten Russland, das Mittelmeer und Amerika.

Mehr über die Wikinger erfährst du im Benny Blu Band Nr. 149!

Hanse

Die Koggen der Hanse waren im Mittelalter unterwegs. Die Hanse war ein Bündnis von Kaufleuten.

Entdeckerzeit

Mit seinen Karavellen fuhr Kolumbus vor mehr als 500 Jahren nach Amerika.

Fregatten

Viele Seeschlachten wurden mit diesen Schiffen ausgefochten.

Teeklipper

Diese schnellen Segel-schiffe brachten vor 200 Jahren Tee von China nach Europa.

Segelschiffe

Sie fahren nur mit der Kraft des Windes. Er bläst in die Segel. So treibt er das Schiff voran.

Es gibt verschiedene Segelschiff-Typen mit ein bis fünf Masten. Die Segelformen unterscheiden sich.

Zweimast-Brigg

Dreimast-Bark

Viermast-Schoner

Verschiedene Segel

Die einzelnen Segel nutzen den Wind unterschiedlich. Rahsegel brauchen Wind von hinten. Gaffelsegel fangen den Seitenwind ein.

Benny Blu Wissens-Tipp

Windjammer

Das waren große Segelschiffe aus Stahl. Sie transportierten vor etwa 100 Jahren Kohle, Getreide und Dünger über die Weltmeere.

Das Wort Windjammer kommt vom englischen „to jam". Das heißt „in den Wind drücken".

Arbeiten auf dem Segelschiff

Die Arbeit auf einem Segelschiff war gefährlich. Die Matrosen stiegen auf Strickleitern zu den Segeln.

Bei Sturm

Stürmte es, holten die Seeleute die Segel ein, damit sie nicht rissen. Sie mussten sich dabei gut festhalten.

Wache schieben

Auf einem Segelschiff hielt immer jemand Wache. Eine Wache dauerte acht „Glasen“. Das sind vier Stunden.

Ein Glasen

Mit einer Sanduhr, dem „Glas“, wurde die Zeit gemessen. Der Sand lief in einer halben Stunde durch die Sanduhr. Dann war ein „Glasen“ vorbei.

Schiffsglocke

Die Wache läutete die Schiffsglocke. Ein Schlag zeigt eine halbe Stunde, ein Doppelschlag eine ganze Stunde an.

Benny Blu Wissens-Tipp

Aus fernen Ländern brachten Matrosen oft Andenken mit. Außerdem besaßen sie noch andere Dinge:

Andenken aus fernen Ländern

Die „Heuer", der Lohn

Takelmesser zum Schneiden von Tauwerk

Seemannskiste

Seesack

Südwester (=Hut), Ölzeug und Stiefel für Sturm und Regen

Auf den Flüssen unterwegs

Früher konnten die Schiffe nur mit der Strömung auf dem Fluss fahren. Wollte man in die andere Richtung, mussten Menschen oder Pferde die Flussschiffe ziehen. Das nannte man „Treideln".

Benny Blu Wissens-Tipp

Einweg-Schiffe

Die Donauschiffer trieben mit ihren „Ulmer Schachteln" flussabwärts. Am Ziel lieferten sie ihre Ware ab. Dann zerlegten sie ihre Schiffe und verkauften die Bretter.

Dampfschiffe

Sie werden von einer Dampfmaschine angetrieben. Große Schaufelräder bringen sie voran.

So funktioniert eine Dampfmaschine

Mit einem Kohlenfeuer wird Dampf erzeugt 1 und in Zylinder geleitet 2.

Durch den Dampfdruck bewegt sich ein Kolben 3 im Zylinder auf und ab. Über Stangen und Gelenke 4 treibt der Kolben das Schaufelrad 5 an.

Ein harter Beruf

Ein Feuer beheizte die Dampfkessel. Damit die Dampfmaschine lief, mussten die Heizer ständig Kohle in die Öfen schaufeln.

Neue Erfindung

Mit Schiffsschrauben wurden die Dampfschiffe wendiger. Sie sind am hinteren Teil des Schiffes befestigt.

Schnelle Schrauben

Es gibt Schiffsschrauben mit mehr als sieben Metern Durchmesser. Mit ihnen fahren die Schiffe viel schneller.

Die „Great Britain“ 1843

Der erste Atlantikdampfer mit Schraubenantrieb wurde ganz aus Eisen gefertigt. Davor baute man Schiffe überwiegend aus Holz.

Benny Blu Such-Spiel

Welche Schiffe findest du zwischen den Seilen?

G	Z	B	K	J	M	E	M	G	Q	O	E
W	I	N	D	J	A	M	M	E	R	Y	R
U	T	E	E	K	L	I	P	P	E	R	L
V	A	F	B	C	I	D	A	N	R	O	V
T	R	A	D	D	A	M	P	F	E	R	P

Alle Lösungen findest du auf der letzten Seite!

Benny Blu Geheim-Tipp!

Mit dem Schiff nach Amerika

Viele Menschen reisten mit dem Schiff über den atlantischen Ozean. Das schnellste Schiff auf dieser Strecke gewann das „Blaue Band".

Das erste Blaue Band

Die „Sirius" überquerte 1838 als erstes Schiff nur mit Dampfkraft den Atlantik. Sie brauchte 18 Tage – damals ein Rekord!

Schnell am Ziel

Die „Mauretania" gewann von 1909 bis 1929 das „Blaue Band". Sie brachte jedes Mal 2.000 Passagiere in vier bis fünf Tagen ans Ziel.

Auswanderer

Viele Millionen Menschen wanderten zwischen 1815 und 1950 nach Amerika aus.

Ziel New York

Die deutschen Auswanderer-Schiffe fuhren von Hamburg und Bremerhaven los.

Zwischendeck

Die ärmeren Leute befanden sich im engen, dunklen Zwischendeck. Viele wurden seekrank.

Luxus auf Ozeanriesen

In der ersten Klasse der Ozeanriesen reisten die Passagiere wie im Luxushotel. Berühmt ist die Titanic. Dort gab es Restaurants und sogar einen Fitnessraum.

Gesunken

Die Titanic rammte einen Eisberg. Deshalb sank sie 1912 auf ihrer ersten Fahrt.

Benny Blu Zwischenfrage

Weißt du noch, welche Segelform besonders gut den Seitenwind einfängt?

Wenn du es nicht mehr genau weißt, schau nochmal auf Seite 9 nach!

Benny Blu Geheim-Tipp!

Schiffsreisen heute

Heute genießen viele Menschen ihren Urlaub auf großen Kreuzfahrtschiffen. Sie befahren die Meere und legen an vielen Häfen an.

Fähren

Gibt es keine Brücke, bringen sie Personen und Autos von einem Flussufer zum anderen. Oft verbinden die Fähren auch Inseln mit dem Festland.

Container-schiffe

Sie transportieren alle Waren in großen Behältern. Diese Container können gut gestapelt werden. So passen viele auf das Schiff.

Containerhafen

In vielen Häfen gibt es einen Bereich nur für Containerschiffe, den Containerhafen. Dort verladen Spezialkräne die Fracht. Das geht sehr schnell.

Tanker

Sie transportieren flüssige Ladung, vor allem Erdöl. Ein Tanker hat oft mehrere Tanks. So kann er gleichzeitig verschiedene Stoffe transportieren.

9 Tanks

Supertanker

Die „Knock Nevis" ist mit über 450 Metern das längste Schiff der Welt. Das ist so lang wie vier Fußballfelder.

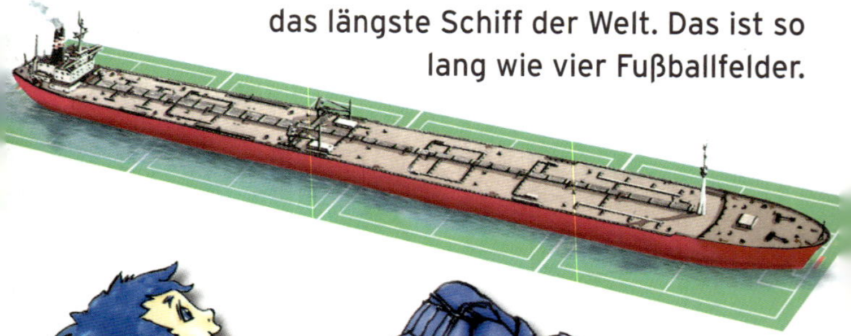

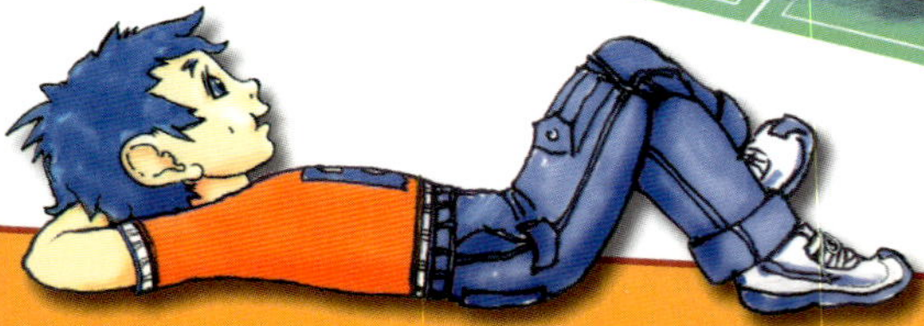

Fischfang

Auf allen Meeren sind Fangschiffe unterwegs. Für jede Fisch- oder Krebsart gibt es besondere Fangmethoden.

Krabbenkutter

Diese kleinen Schiffe fangen Krabben mit Seitennetzen.

Nordseekrabbe

Ringwadenfischen

Thunfische fängt man mit ringförmigen Netzen. Sie werden unter den Fischen zusammengezogen.

Roter Thunfisch

In Seenot

Manchmal geraten Schiffe durch zu flaches Wasser oder technische Probleme in Seenot.

Rettungsboot

Rettungs-insel

Die Rettung

Auch Eisberge und Stürme sind gefährlich. Droht das Schiff zu sinken, lässt man Rettungsboote oder -inseln zu Wasser.

Der Notbeutel

Man findet ihn in jedem Rettungsboot. Er enthält alles Wichtige für den Notfall.

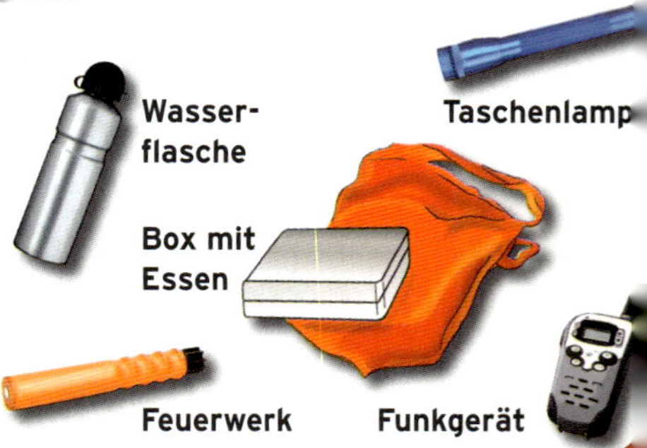

Helfer bei Schiffbruch

Die „Deutsche Gesellschaft zur Rettung Schiffbrüchiger“ rettet seit 1865 Menschen aus der Nord- und Ostsee. Anfangs setzte man noch Ruderboote ein.

Seenotkreuzer

Heute retten schnelle Seenotkreuzer Schiffbrüchige. Sie verfügen über eine moderne Krankenstation. Auch Feuer löschen sie.

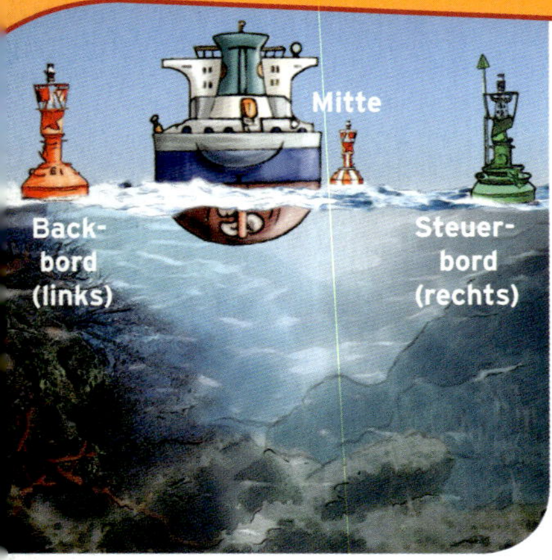

Seezeichen

Verkehrszeichen gelten auch auf dem Meer. Sie zeigen, wo die Schiffe problemlos durchfahren können. Die Tonnen kennzeichnen die Mitte der Fahrrinne.

Gefahrenstellen

Manche gefährliche Stellen, wie Felsenriffe, sieht man nicht. Gelb-schwarze Tonnen kreisen sie ein. Der Kapitän ist gewarnt.

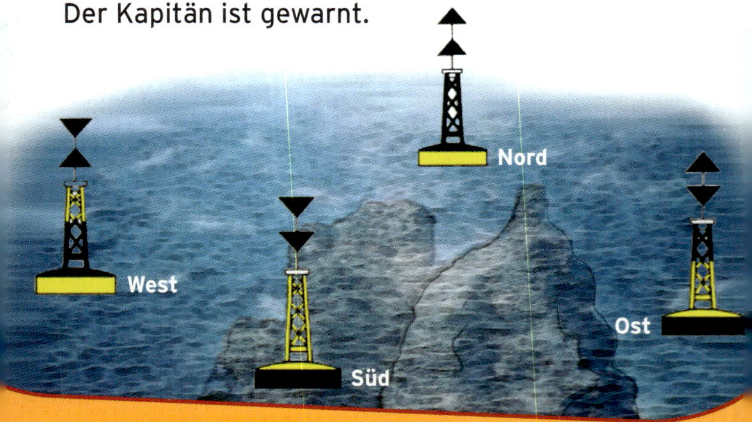

Licht in der Nacht

Damit Schiffe im Dunkeln oder bei Nebel nicht an der Küste zerschellen, stehen Leuchttürme an riskanten Punkten. Jeder blinkt anders. So erkennt ein Seemann auch nachts, wo er ist.

Feuerschiffe

An manchen Stellen konnte man keinen Leuchtturm bauen. Dort warnten fest verankerte Feuerschiffe mit Licht- und lauten Nebelhornsignalen.

Die Borkumriff war das letzte deutsche Feuerschiff.

Flaggen-Alphabet

Seeleute verständigen sich mit Signalfahnen. Sie werden am Mast gehisst. Für jeden Buchstaben gibt es eine Flagge. Hier eine Auswahl:

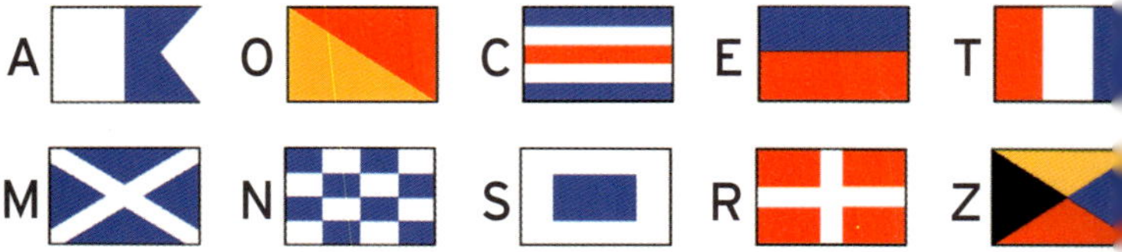

Benny Blu Flaggen-Rätsel

Kannst du lesen, welches Wort die Flaggen bilden?

1

2

3

4

5

6

7

Alle Lösungen findest du auf der letzten Seite!

Benny Blu Geheim-Tipp!

Benny Blu Bücher

... vermitteln Wissen kinderleicht
... machen fit für die Schule
... bringen Spaß für die Leser

Wissen für alle von 5 bis 105!

Andreas Hinkel

Lukas Koch

Thomas Bug

Henry Maske

Nina Ruge

Walter Röhrl

Christian Häckl

Prominente Autoren

Viele prominente Autoren schreiben für Benny Blu! Sie geben ihr Sachwissen gerne weiter. Zusammen mit Benny Blu setzen sie sich regelmäßig für Kinder in schwierigen Lebenssituationen ein.

Kein Benny Blu Buch verpassen!

Wer kein Benny Blu Buch verpassen will, nutzt den **Benny Blu Newsletter-Service**. Mehr Infos unter www.BennyBlu.de.

Benny Blu Bücher

Adler – Könige der Lüfte
Ägypten – Leben am Nil
Altes Rom – Soldaten, Götter, Spiele
Autos – Vom Dampfwagen zum Flitzer
Babys – Das Leben beginnt
Bauernhof – Leben auf dem Land
Benehmen – Bitte, danke, gern geschehen
Bienen – Fleißige Honigmacher
Brot – Vom Mehl zum Brot
Bücher – So werden sie gemacht
Christentum – Der Glaube an Jesus
Delfine – Schlaue Schwimmer
Dinosaurier – Faszinierende Urtiere
Eichen – Vom Samen zum Baumriesen
Eisbären – Raues Leben in der Arktis
Eisenbahn – Von der Pferdebahn zum ICE
Elefanten – Sanfte Riesen
Erde – Unser Lebensraum
Fernsehen – Filmen, senden, gucken
Feuerwehr – Löschen, retten, bergen, schü
Flugzeuge – Vom Gleiter zum Airbus
Frösche – Quakkonzert am Teich
Fußball – Team, Tor, Sieg
Getreide – Vom Korn zum Mehl
Glas – Stoff mit Durchblick
Handy – Telefone und Funklöcher
Hausbau – Von der Planung zum Einzug
Heilpflanzen – Blüten, Tee und Zauberkra
Hunde – Freunde der Menschen
Igel – Stachelige Urtiere
Indianer – Wigwam und Büffeljagd
Kaninchen – ... und Hasen
Katzen – Schnurren oder kratzen
Kino – Wie die Bilder laufen lernen

örper – So funktioniert er
olumbus – Entdeckung der Neuen Welt
erntipps – Leichter lernen
eisen – Geschickte Gartenvögel
ilch – Vom Euter bis zur Flasche
stern – Das Fest der Freude
ferde – Schön, schnell und stark
iraten – Räuber der Meere
olizei – Hilfe, Schutz, Verbrecherjagd
adio – Senden und empfangen
itter – Lanze, Ross und Reiter
chlangen – Züngeln, schlängeln, zischen
chmetterlinge – Von der Raupe zum Falter
chokolade – Süßes vom Kakaobaum
port – Olympisch fit und fair
annen – Immergrüne Nadelbäume
ger – Gestreifte Großkatzen
ulkane – Feuer speiende Berge
asser – Aus der Quelle ins Glas
eihnachten – Das Fest der Liebe
eltall – Sterne und Planeten
etter – Regen, Wolken, Sonnenschein
iese – Blumen, Gräser und Tiere
ikinger – Raues Seefahrervolk
ähne – Starke Beißer
icker – Aus der Rübe in die Tüte

und viele weitere Titel.

Mehr Infos zu Benny Blu
unter der Hotline:
1805/71 15 71 (0,12 €/Minute)
oder im Internet unter:

www.BennyBlu.de

Von Seite 16:

Benny Blu Such-Spiel

Gut gemacht!

G	Z	B	K	J	M	E	M	G	Q	O	E
W	I	N	D	J	A	M	M	E	R	Y	R
U	T	E	E	K	L	I	P	P	E	R	L
V	A	F	B	C	I	D	A	N	R	O	V
T	R	A	D	D	A	M	P	F	E	R	P

Von Seite 19:

Benny Blu Zwischenfrage

Prima! Das Gaffelsegel fängt
den Seitenwind besonders gut ein.

Von Seite 28:

Benny Blu Flaggen-Rätsel

Sehr gut! Das Lösungswort heißt MATROSE.

Alle Lösungen auf einen Blick

Damit du die Lösungen lesen kannst,
musst du das Buch drehen.